Segredos de um viajante

GUIA DE **VENEZA**

Ruy Araújo

Segredos de um viajante

GUIA DE **VENEZA**

autêntica

Copyright © 2010 Ruy Araújo

Coordenação editorial
Conceito Editorial (José Eduardo Gonçalves e Sílvia Rubião)

Projeto gráfico
Hardy Design

Fotografia
Ateliê Domino (Ana Paola Araújo e Willem de Bruijn)
Ruy Araújo

Ilustração
Cláudio Ferlauto

Revisão
Ana Carolina Lins
Cecília Martins
Beatriz de Almeida Magalhães

Editora responsável
Rejane Dias

Dados Internacionais de Catalogação na Publicação (CIP)
(Câmara Brasileira do Livro)

Araújo, Ruy
   Segredos de um viajante : Guia de Veneza / Ruy Araújo. –
Belo Horizonte : Autêntica Editora, 2010.

   ISBN 978-85-7526-515-4

   1. Veneza (Itália) - Descrição e viagens - Guias 2. Viagens -
Relatos de viagens I. Título.

10-10653   CDD-914.531

Índices para catálogo sistemático:
1. Guias de viagem : Veneza : Itália 914.531
2. Veneza : Itália : Guias de viagem 914.531

Por ocasião dos atentados terroristas de 2001 e 2002 contra Nova York, Madri e Londres, meu neto Rafael, então com seus quatro anos, já ciente de meu amor por Veneza, disse-me com ares de quem acabava de fazer uma grande descoberta:

Vovô, não se preocupe, Bin Laden não vai conseguir destruir Veneza: as bombas que ele jogar sobre ela cairão na água, e a cidade será salva.

A Rafael, desde a tenra idade preocupado com a sobrevivência de Veneza, dedico este livro.

VENEZA E SEUS CAPRICHOS

Veneza é a excelência do capricho. Não apenas do capricho humano que a ergueu no meio de uma lagoa, espalhada entre mais de cem ilhas, sujeita a inundações, doenças e problemas construtivos e de manutenção, mas sobretudo de outro capricho, o *capriccio veneziano*, que a levou à arte, à sofisticação, aos *palazzi*, à culinária requintada, às festas exóticas, às máscaras que tudo escondem e expõem.

Se o primeiro capricho, o lacustre, permitiu-lhe sobreviver a invasões e, em seguida, transformar-se em potência naval, dominar boa parte da Itália e o comércio mundial por séculos, o outro a conduziu a algo mais permanente: o contínuo fascínio que a cidade exerce sobre as pessoas.

É com o olhar em ambos os caprichos que Ruy Araújo escreveu este livro a respeito de Veneza e acrescentou-lhe outro: o capricho de coletar, por tantos anos, com arguta observação e sensibilidade, em várias visitas, as informações que agora oferece ao leitor. A Veneza que transborda destas páginas não é, portanto, a dos turistas que chegam pela manhã e saem à tarde, após rápida passagem pelos canais e pela Praça São Marcos. Aqui ela é vista no detalhe, na esquina, no pequeno restaurante, no grande hotel, no fato curioso, no capricho.

Esta obra ensina a escolher onde se hospedar, o que ver, onde comer, informa quanto se pode gastar. Mostra a paixão de um homem por uma cidade que arrebata e exibe, como poucas, os tesouros que o ser humano pode criar e colecionar.

Mesmo que você jamais pretenda conhecer Veneza, a viagem deste livro merece ser empreendida: ela o levará ao mundo dos canais e dos doges e lhe dará um retrato preciso dessa terra encantadora. Se está para visitá-la, Ruy Araújo se tornará guia valioso. Seu segredo é o capricho, o *capriccio* que Veneza vem inspirando, através dos séculos, em todos os que dela se aproximam.

Luís Giffoni

SUMÁRIO

11 UMA PAIXÃO PARA SEMPRE

15 VENEZA EM CINCO DIAS
23 Quando ir
24 Calendário de eventos
26 Hotéis
28 Informações úteis

33 1º DIA | SAN MARCO
37 Poder e glória
38 Vista da laguna
40 Como Hemingway
42 Templos de música

**49 2º DIA | DORSODURO, SAN POLO
     E SANTA CROCE**
50 Dorsoduro
54 Beleza preservada
55 Aproveitando o silêncio
62 San Polo
66 A igreja mais antiga
69 Santa Croce

73	**3º DIA	CASTELLO E CANNAREGIO**
74	**Castello**
79	A antiga potência marítima
80	A Veneza moderna
85	**Cannaregio**
86	Esplendor em ouro
89	Origem dos guetos
93	**4º DIA	ILHAS DE SAN GIORGIO MAGGIORE, GIUDECCA E LIDO**
94	**San Giorgio Maggiore**
95	**Giudecca**
97	**Lido**
101	**5º DIA	ILHAS DE MURANO, BURANO E TORCELLO**
102	**Murano**
106	**Burano**
111	**Torcello**

*Uma visita a Veneza é o início
de um eterno caso de amor.*

Henry James

UMA PAIXÃO PARA SEMPRE

Quando vi Veneza pela primeira vez, a sensação que tive foi de familiaridade. Penso que isso ocorre com quase todas as pessoas. Todos os que chegam a essa cidade pela primeira vez têm a impressão de já terem estado lá, tantas são as referências que trazemos sobre ela. A Piazza San Marco e os palácios do Canal Grande são exatamente como já vistos em fotografias, filmes e nas pinturas de Canaletto (1697-1768) e tantos outros artistas. Contudo, esse sentimento de familiaridade se esvai à medida que se vê Veneza mais de perto: quanto mais é explorada, mais intrigante e fascinante ela se torna.

Há incontáveis livros sobre Veneza. De guias turísticos a livros didáticos, são muitas as opções à disposição de quem quer conhecer sua história e herança cultural, temas, na verdade, inesgotáveis. Longe de mim, portanto, a pretensão de concorrer com o que já existe. Meu propósito é, antes, o de acrescentar uma visão pessoal, fruto de muitas visitas à cidade em diferentes épocas e, assim, oferecer alguns ângulos e níveis de percepção, acrescidos de informações e curiosidades que podem tornar a viagem mais rica e proveitosa.

Quando se conhece bem determinado lugar, nada melhor do que ali retornar e sair passeando sem qualquer compromisso, observando o espetáculo das ruas e descobrindo coisas, fazendo aquilo que os franceses chamam de *flânerie*; andar ao acaso, sem destino. Mas, quando se visita pela primeira vez uma cidade, e principalmente se essa cidade é introspectiva e multifacetada como Veneza, o melhor aproveitamento do tempo exige disciplina e planejamento.

Minha ousadia ao escrever este pequeno guia de Veneza, que pode ser visto também como um conjunto organizado de anotações e impressões, tem a finalidade de compartilhar com o leitor uma experiência acumulada em 17 viagens feitas a essa cidade única, tão presente no imaginário de todos nós.

Seguindo o roteiro proposto, o viajante certamente terá um bom proveito e terminará a viagem com um razoável conhecimento desta que Thomas Mann (1875-1955), autor de *Morte em Veneza*, chamou, com grande razão, de "a mais inverossímil das cidades". A concentração de beleza é tanta que se chega a duvidar de que tudo seja real. Sabendo aproveitá-la, é impossível partir indiferente aos seus encantos e à sua história, sem um sentimento de felicidade e de amor pelo que viu. Impossível também chegar ao final da viagem sem uma conclusão: uma vez só não basta. É preciso voltar sempre e, a cada volta, preparar-se para novas emoções e novas descobertas. Veneza é uma eterna paixão.

Ruy Araújo

*Quando fui a Veneza, meu sonho
transformou-se no meu lar.*

Marcel Proust

VENEZA
EM CINCO DIAS

Embora muito visitada, Veneza continua sendo desconhecida. Isso porque grande parte das pessoas, para não dizer a sua quase totalidade, programa sua estada em Veneza para, quando muito, dois dias incompletos com um pernoite. Ou mesmo para algumas horas, sem pernoite. É o que é feito no turismo de massa, em excursões oferecidas pelas agências de turismo. O visitante sai com a sensação de ter conhecido Veneza, quando, na realidade, o que ele viu foi a Piazza San Marco com a Basílica e o Palazzo Ducale. Isso já é um grande programa, sem dúvida, mas esse turista parte sem ter ideia das riquezas históricas e culturais a serem descobertas nessa cidade única, talvez o lugar no mundo onde haja a maior concentração delas em área tão restrita.

Os vários estilos das construções e decorações de seus 450 palácios e mais de uma centena de igrejas que vão do bizantino ao neoclássico, passando pelo gótico, pelo renascentista e pelo barroco, convivem na mais perfeita harmonia. Nos adros e salões, são milhares de obras de arte a exigir calma e contemplação. No exterior, pontes e canais levam a inúmeras ruelas, cafés, sacadas com aspectos surpreendentes, por onde, através dos séculos, dezenas de artistas e escritores andaram e deixaram suas marcas. Muitos eternizaram a cidade flutuante como cenário definitivo de filmes e romances. Outros a escolheram para viver e até mesmo morrer. Tantos detalhes, que tornam Veneza um destino excepcional, chegam a passar despercebidos ao visitante apressado.

Há indícios de habitantes isolados na região de Veneza desde o início da era cristã. No século V, houve um assentamento considerável nas proximidades do Rialto, fato considerado por muitos como sendo a criação de Veneza. Na segunda metade do século VI, época em que o Império Romano foi invadido pelos povos lombardos vindos do norte da Europa, os assentamentos se multiplicaram. Os refugiados, seus primeiros habitantes, ergueram suas casas sobre estacas enterradas no lodo de uma grande laguna do Mar Adriático. Assim, surgiu a cidade, construída sobre 118 ilhas, separadas pelos 45 quilômetros de 180 canais, cruzados por cerca de 400 pontes.

Essa construção tão singular acabou por se constituir numa ameaça à sua sobrevivência. Com o tempo, o solo tem cedido com o peso das edificações, ao mesmo tempo que o nível das águas sobe continuamente, ocasionando, cada vez com mais frequência, o fenômeno da *acqua alta*, quando a cidade é invadida pelas águas. Essa ameaça obrigou as autoridades a tomarem diversas medidas, visando a estancar o problema e salvar a cidade. Para tanto, o Progetto Mose (Projeto Moisés), dirigido pelo Consórcio Veneza Nova, constituído de 40 empresas de engenharia, trabalha na contenção das invasões das águas do Mar Adriático por meio da colocação de diques móveis nas três entradas da laguna.

No início do século VIII, Veneza elegeu seu primeiro doge (que pode ser traduzido por "duque") e, durante mil anos, foi o centro de uma república marítima poderosa que exerceu enorme influência política e econômica em todo o mundo mediterrâneo. Nenhuma outra cidade tem, por tão longo tempo e tão fortemente, atraído a imaginação romântica, e sua herança cultural, artística e arquitetônica faz dela um dos centros turísticos mais visitados do mundo. Hoje, Veneza continua sendo um importante porto marítimo (as atividades portuárias ocupam um terço de sua força de trabalho) e é a capital da região do Vêneto, no nordeste da Itália.

Veneza é dividida em seis *sestieri*, correspondente aos nossos bairros: San Marco, San Polo, Santa Croce, Dorsoduro, Cannaregio e Castello. É interessante notar que tal divisão administrativa vem desde os tempos do doge Vitale Michiel II, que governou a cidade entre os anos 1156 a 1172, ou seja, vigora há mais de 800 anos. O Canal Grande serpenteia a cidade, dividindo-a em duas partes: de um lado, à margem esquerda, ficam os três primeiros e, do outro, à margem direita, os três outros. A ligação entre as duas partes é feita através de três pontes: Ponte dell'Accademia, Ponte di Rialto e Ponte degli Scalzi, mais ou menos equidistantes, mas bastante distantes umas das outras, o que torna essencial uma boa programação para o bom proveito do tempo e o bom uso das pernas na visita à cidade.

Além dos *sestieri*, há também as ilhas desgarradas de Veneza, algumas delas merecedoras de uma visita. Meu conhecimento da cidade me leva a sugerir um programa de cinco dias de permanência, distribuído da seguinte forma:

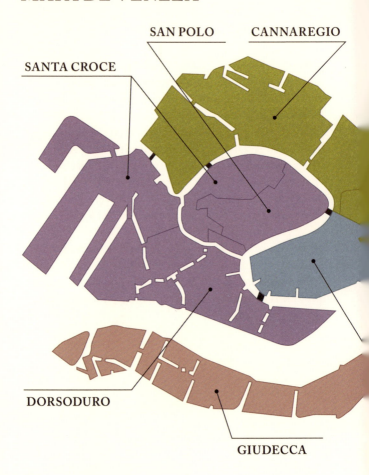

Segredos de um viajante - Guia de Veneza

Quando ir

Veneza recebe mais de 12 milhões de turistas por ano, ou seja, quase três vezes mais que o número de pessoas que visitam o Brasil no mesmo período. A cidade está mais cheia entre os meses de abril e outubro, quando evidentemente os preços são mais altos. Em compensação, os dias são mais longos e os horários de visitação aos museus e igrejas mais estendidos. Outros períodos de pico ocorrem por ocasião das festas de fim de ano e durante o Carnaval. Uma boa escolha é visitá-la entre o Carnaval e a Semana Santa. Evite ir no fim do outono, principalmente no mês de novembro, porque as chuvas são mais intensas, com grande probabilidade de ocorrência do fenômeno da *acqua alta*, quando a laguna transborda e o centro histórico fica alagado, ainda que a visão da Piazza San Marco sob as águas seja inesquecível. Janeiro é o mês mais tranquilo, contudo é frio, com muito vento. Outra boa opção é a segunda quinzena de agosto, quando, apesar de ainda ser verão, Veneza fica mais vazia. Como as férias de verão na Europa terminam em 15 de agosto, um novo grande afluxo de turistas ocorre a partir de setembro, com o início do outono e de um movimentado calendário de eventos.

CANALE DELLA GIUDECCA

Calendário de eventos

Setembro é o mês em que ocorrem dois dos mais famosos eventos da cidade: o Festival Internacional de Cinema e a Bienal de Veneza, a mais prestigiada exposição de artes do mundo, com início em junho e duração de três meses. A "Rainha do Adriático" é também sede de vários outros eventos. A Bienal de Arquitetura acontece no mesmo espaço da Bienal, entre o meio de setembro e o meio de novembro.

O célebre Carnaval de Veneza é outro evento de grande tradição e tem sua origem na época medieval. Encontram-se relatos sobre essa festa, que é bem diferente da brasileira, datados desde o início do século XVII. No século XVIII, as comemorações começavam no dia 26 de dezembro e se prolongavam até a Quarta-Feira de Cinzas. Atualmente duram os dez dias anteriores à mesma Quarta-Feira e consistem em bailes de máscaras nos refinados salões para os mais abonados e em espetáculos de dança para os nem tanto na Piazza de San Marco, onde eles comparecem ricamente fantasiados e mascarados.

No primeiro domingo de setembro, tem lugar a Regata Storica, evento que se sucede desde 1489. No dia 25 de abril, é a vez da Festa di San Marco, que consiste

VENEZA EM CINCO DIAS

DETALHE DE LUXO DE UMA GÔNDOLA

em uma missa na Basílica, seguida de uma corrida de gôndolas. Em 29 de junho acontece a Festa di San Pietro, um festival de concertos, shows ao ar livre e barraquinhas de comida em torno da Basilica di San Pietro, uma autêntica festa dos venezianos ainda não descoberta pelos turistas. E há ainda a Festa del Redentore, no terceiro domingo de julho, e a Festa della Salute, em 21 de novembro, tradições religiosas venezianas de agradecimento pelo fim das pestes que castigaram a cidade em 1576 e 1631.

Hotéis

Veneza possui mais de 200 hotéis, de uma a cinco estrelas, com uma enorme variação de preços, dependendo do período. Um quarto em hotel cinco estrelas, por exemplo, pode variar de 150 a 1.300 euros, dependendo da época e da sua ocupação.

O CANAL GRANDE E SEUS PALÁCIOS

Existem alguns pequenos hotéis, dirigidos pelos próprios proprietários, com atendimento personalizado e preços razoáveis. Entre esses, indico o Palazzo Bembo (www.palazzobembo.com), belo palácio gótico do século XIV, cujo quarto andar foi adaptado para receber os seis apartamentos do hotel, situado na Riva del Carbon, no Canal Grande, pertinho do Rialto. No mesmo estilo, o Al Ponte Antico (www.alponteantico.com), com entrada pela Calle dell'Aseo e um belo terraço debruçado sobre o Canal Grande; a meio caminho entre o Rialto e San Marco, na Corte Zorzi, junto ao Campo San Gallo, a Locanda Orseolo, e com apenas nove apartamentos e tratamento personalizado.

A diária nesses hotéis, com café da manhã, gira em torno de 180 euros, podendo esse valor ser maior ou menor, dependendo da época. Na mesma faixa de preço, mas já com característica de hotéis tradicionais, o StarHotels Splendid, situado na Mercerie, entre San Marco e Rialto, e o Bonvecchiati, na Calle dei Fabbri, bem perto de San Marco. Para quem quiser luxo de cinco estrelas, aconselho os três da cadeia Westin: Danieli, Palazzo Gritti e Europa & Regina, que oferecem conforto especial. Por serem da mesma cadeia dos dois cinco estrelas do Lido (Excelsior e Hotel des Bains), situados à beira da praia e com grande área de lazer, tais hotéis da Westin permitem a seus hóspedes o uso dessa estrutura. Para tanto é oferecido transporte gratuito: um barco que circula durante todo o dia entre os hotéis.

Informações úteis

Como é um emaranhado de ruelas e becos, é comum se perder em Veneza. O poeta novelista e historiador francês Jean-Louis Vaudoyer (1883-1963) disse, com muita propriedade: "Nada mais fácil do que se perder em Veneza; e, também, nada mais divertido. Ser um Teseu sem o fio de Ariadna, neste labirinto sem Minotauro". Aliás, dizem que o fato de se perder pelo menos uma vez faz parte da tradição de uma visita à cidade. Por isso tudo, é indispensável se fazer acompanhar de um bom mapa. As ruas são denominadas *calle*, sendo chamadas de *ruga* ou *salizzada* quando principais de um bairro. Se estão à beira de um canal, são conhecidas por *riva* ou *fondamenta*. Uma passagem coberta sob arcos é um *sottoportego*. Uma praça maior é um *campo*, e as menores são chamadas de *campielli*. A designação de *piazza* é reservada somente à San Marco, naturalmente em razão de sua importância e distinção. O *campo* que surge de repente no fim de uma ruela é uma das maravilhas de Veneza. Lugar tranquilo, ideal para um descanso, onde sempre se encontra uma feira de flores, de frutas ou de peixes e, invariavelmente, um café, bar ou restaurante com mesas ao ar livre, de onde se pode observar o movimento das pessoas e entrar no verdadeiro espírito da cidade.

Outro cuidado que o turista deve ter ao programar o seu dia é com os horários de funcionamento das igrejas, museus e demais atrações. Em geral há um expediente na parte da manhã e outro à tarde, com grande intervalo no horário de almoço. Os restaurantes costumam fechar uma vez por semana para descanso, em dias variados. Mas como alguns fecham por um período maior para férias coletivas e outros são bastante procurados, estando frequentemente cheios, é sempre aconselhável telefonar antes e fazer reserva.

O deslocamento em Veneza é feito basicamente a pé. Para distâncias maiores, há o *vaporetto*, o ônibus aquático que circula pelos canais, cobrindo toda a cidade e também as ilhas. Existem várias linhas, mas para o turista as principais são as linhas 1 e 2 (esta última, mais rápida e com poucas paradas), que percorrem todo o Canal Grande, em volta do qual se concentram as grandes atrações. Os bilhetes podem ser comprados em quiosques nas estações do *vaporetto*, que são chamadas de *fermate*, ou em tabacarias e lojas de *souvenirs*. São vendidos unitariamente, em cartelas de dez bilhetes, com validade para todo o dia ou mesmo para vários dias. Quanto maior a quantidade que se compra, maior é o desconto. Uma passagem simples custa 6,50 euros, uma válida por 24 horas custa 18 euros e a de 48 horas vai custar 33 euros. Do aeroporto até a cidade, o preço é de 13 euros. Em algumas poucas estações do *vaporetto*, há uma indicação de *traghetto*, que é uma gôndola destinada a transportar o passageiro de uma margem à outra do Canal Grande, travessia às vezes bastante útil, ao preço de 0,50 euros. E há ainda os táxis, que são barcos mais velozes, evidentemente mais caros, mas com a vantagem de serem mais rápidos e de levarem o cliente de porta a porta. Uma viagem do aeroporto a San Marco custa 95 euros. E, por fim, as famosas gôndolas utilizadas para passeios turísticos com prazo definido. Custam caro – 80 euros por 40 minutos –, mas é uma extravagância que completa o passeio por Veneza, uma experiência romântica que leva o visitante a conhecer pequenos canais e labirintos somente acessíveis a elas. Uma curiosidade: hoje existem em Veneza apenas cerca de 500 gôndolas.

Antes do aparecimento do barco a motor, quando todo o transporte da cidade era feito por elas, esse número chegou a ser de 10 mil unidades.

Alguns telefones úteis:

Assistência ao turista: 41 529 8711
Polícia: 112
Serviço de Emergência: 113
Brigada de Fogo: 115
Ambulância: 118
Táxis: 041 522 2303

PONTE DI RIALTO

Sentado às margens do Canal Grande e escrevendo perto de onde Byron, Browning e Annunzio escreveram, senti que eu tinha chegado ao lugar onde sempre deveria ter estado.

Ernest Hemingway

primeiro dia
SAN MARCO

1

SAN MARCO

"Eis o salão de visitas mais bonito do mundo", exclamou Napoleão Bonaparte (1769-1821) ao ver a Piazza San Marco, após invadir Veneza com suas tropas e dar fim à Repubblica di Venezia, com sua tradição de mais de mil anos de esplendor e riqueza, imortalizada como "La Serenissima".

Considerada o coração de Veneza e uma das mais belas praças do mundo, San Marco é uma festa contínua com a multidão de turistas, cafés, lojas e a algazarra dos pombos. A cada 60 minutos, ouvem-se as badaladas dos sinos da Torre dell'Orologio (Torre do Relógio) do século XV, tocadas por dois mouros de bronze que anunciam as horas. Há também música contínua oriunda de duas orquestras que se alternam, disputando a clientela para os históricos cafés Quadri e Florian. Aliás, a música sempre desempenhou um importante papel na história de Veneza. Sua maior glória musical é Antônio Vivaldi (1678-1741), cuja composição mais famosa, *As quatro estações*, é apresentada diariamente em uma de suas igrejas. Ademais, Igor Stravinsky (1882-1971) e Richard Wagner (1813-1883), apaixonados por Veneza, adotaram a cidade e ali viveram e morreram.

Na Piazza San Marco, encontram-se duas das maiores atrações de Veneza: a Basilica di San Marco e o Palazzo Ducale.

A basílica data do século XI e é a terceira construída no mesmo local para abrigar o que se acredita serem os restos mortais do evangelista São Marcos, trazidos de Alexandria no século IX por mercadores venezianos. Inicialmente Capela dos Doges, que eram os governantes da República, tornou-se a Catedral de Veneza em 1807. Construída no estilo romano-bizantino, é uma das igrejas católicas mais ricamente decoradas do mundo, com os tesouros que os mercadores traziam do Oriente na época da dominação da Serenissima, o que lhe rendeu a alcunha de Chiesa d'Oro (Igreja de Ouro).

PALAZZO DUCALE

É uma pena ser difícil examiná-la em todos os seus detalhes, por causa do enorme afluxo de visitantes, mas salta às vistas a quantidade de mosaicos que recobrem suas paredes, abóbadas e piso, perfazendo um total de mais de quatro mil metros quadrados de revestimento. A maior atração da basílica fica situada atrás do altar-mor, a Pala d'Oro, um retábulo de 250 pinturas esmaltadas sobre folhas de ouro, trazidas de Bizâncio no século X.

A fachada também é ricamente revestida com predominância dos mesmos mosaicos bizantinos, que contam a aventura dos mercadores que trouxeram os restos de São Marcos. Acima da porta principal, em um balcão, veem-se cópias dos quatro cavalos de bronze cujos originais se encontram protegidos no Museo Marciano, no segundo piso do interior da basílica. Trata-se de esculturas clássicas de origem grega ou romana, trazidas do saque de Constantinopla

de 1204. A basílica fica aberta de segunda a sábado das 10h às 16h, e aos domingos das 13h às 16h.

Poder e glória

Junto à basílica, situa-se o Palazzo Ducale, antes residência fortificada dos doges e, posteriormente, sede do Parlamento, da Corte de Justiça, de tribunais, além de ter abrigado uma prisão. Desde o século VII, Veneza já possuía um governo democrático participativo com o poder nas mãos de um Grande Conselho, que chegou a ser constituído por cerca de dois mil membros eleitos e que se transformou, a partir do século XIII, num reduto aristocrático, no qual os integrantes herdavam o lugar de ancestrais. O Senado, constituído de 200 eleitos, entre os membros do Grande Conselho, aprovava as leis. Um conjunto de 25 líderes chamado de Colégio exercia o poder executivo, cabendo ao doge a função de chefe de estado e do poder representativo.

O prédio atual, que data do século XII, hoje abriga um museu. E, a exemplo da basílica, foi modificado e enriquecido em sua decoração com o correr do tempo, motivo pelo qual apresenta um misto de estilos bizantino, gótico e renascentista. É o testemunho maior da grandeza da Serenissima no seu apogeu. Sua história está retratada em muitas das pinturas e esculturas do seu interior, que abriga obras de todos os grandes artistas da cidade: Jacopo Robusti, conhecido como Tintoretto (1518-1594), Tiziano Vecellio (1488-1576), Paolo Caliari, conhecido como Veronese (1528-1588), Gianbattista Tiepolo (1696-1770) e tantos outros. Além dos aposentos dos doges, o Palazzo possui diversas salas que eram destinadas à administração, tais como a Sala do Conselho, do Senado, do Grande Conselho, etc., sendo esta última monumental, com seus 1.300 metros quadrados de área. No teto dessa sala, pode-se admirar a obra-prima de Paolo Veronese *Apoteosi di Venezia* (*Apoteose de Veneza*) e, numa das paredes, *Il Paradiso* (*O paraíso*), de Tintoretto, uma gigantesca pintura, das maiores do mundo, medindo 7,45 por 24,65 metros.

Vista da laguna

Ligando o Palazzo Ducale às celas da prisão por sobre um canal estreito, encontra-se a universalmente conhecida pelo poético nome de Ponte dei Sospiri (Ponte dos Suspiros), passagem obrigatória dos condenados que dali tinham a última visão encantadora do panorama exterior.

O atual campanário de San Marco que se vê na praça é do início do século XX e é cópia fiel do original do século XVI, que desmoronou. É a mais alta construção da cidade, com 99 metros, e do seu topo pode ser apreciada uma magnífica vista da laguna, das ilhas e dos telhados de Veneza.

Na praça encontram-se vários museus como o Museo Correr, nome de um ilustre aristocrata veneziano, Teodoro Correr (1750-1830), que doou à cidade seu rico acervo de obras de arte. Destaque para as pinturas de Vittore Carpaccio (1460-1525) e Giovanni Bellini (1430-1516) e para objetos da história de Veneza como mapas, armaduras, bússolas, peças de vestuário. Situam-se ali, ainda, o Museo del Risorgimento (Museu do Ressurgimento), que retrata Veneza da queda da República à unificação da Itália; o Museo Diocesano di Arte Sacra; o Museo Archeologico e a Biblioteca Marciana, iniciada no século XVI por Jacopo Tatti, conhecido por Sansovino (1486-1570), e primeiro exemplo da arquitetura clássica em Veneza. Sua escultural decoração tem motivos mitológicos clássicos. O Palazzo Ducale e os museus da praça funcionam diariamente das 9h às 19h, de abril a outubro, e das 9h às 17h, de novembro a março.

Sob a Torre dell'Orologio, inicia-se a Mercerie, uma série de cinco ruas que liga San Marco ao Rialto: Merceria dell'Orologio, di San Zulian, del Capitello, di San Salvador e 2 Aprile. No trajeto, compensa uma rápida entrada na igreja de San Salvador, do século VIII, para admirar *La Trasfigurazione* (*A transfiguração*) e *L'Annonciazione* (*A anunciação*), de Ticiano; e *Gli Discepoli di Emmaus* (*Os discípulos de Emaús*), de Bellini. A Ponte di Rialto, do século XVI, permaneceu durante muito tempo como a única ligação entre as duas partes da cidade, separadas pelo Canal Grande; somente no século XIX as duas outras foram construídas. É uma construção de pedra arqueada com duas arcadas de pequenas lojas que dão para três passarelas de pedestres; atravessando-a, passa-se do *sestiere* di San Marco para o *sestiere* di San Polo.

Como Hemingway

Voltando à Piazza San Marco e caminhando à direita pela Calle Larga XXII de Marzo e virando à esquerda na Calle Vallaresso, chega-se ao Harry's Bar, tido como o bar mais conhecido do mundo, famoso por seu aperitivo Bellini e imortalizado por um de seus mais assíduos e ilustres frequentadores, Ernest Hemingway. Entre e prove o aperitivo no balcão se estiver com pressa. Essa mistura de *prosecco* e pêssego vai lhe custar 15 euros, mas faz parte. Uma escada leva ao segundo piso, onde está o restaurante, famoso por sua tradição e pelos preços astronômicos. O fundador do Harry's Bar, Giuseppe Cipriani (1900- 1980), deixou seu nome ligado à história da cidade. De origem humilde, filho de um *facchino* (carregador de malas), Cipriani começou a trabalhar cedo, sempre em confeitarias, restaurantes, e se tornou um competente *barman*. No início dos anos 1930, fundou seu próprio bar com um sócio americano capitalista e boêmio chamado Harry, que segundo Cipriani, além de sócio, era seu melhor cliente. No comando do bar, que rapidamente se tornou famoso e ponto de encontro das celebridades de Veneza, legou ao mundo duas criações: o aperitivo Bellini,

DETALHE DA JANELA DO HARRY'S BAR

homenagem ao pintor veneziano Giovanni Bellini, e o *primo piatto* (primeiro prato) Carpaccio, homenagem ao também artista veneziano Vittorio Carpaccio. Mais tarde, fundou ainda o Hotel Cipriani, a Locanda Cipriani e o Harry's Dolci, dos quais falaremos adiante.

Templos de música

Bem perto do Harry's está a igreja de San Moise, com sua extravagante e controvertida fachada barroca. Seguindo na direção da Calle Larga XXII di Marzo e virando à direita na Calle del Sartor da Veste, encontra-se o teatro La Fenice, inaugurado em 1792 e palco de lançamento de famosas óperas como *Rigoletto*, em 1851, e *La Traviatta*, em 1857. Hoje, além de óperas, apresenta espetáculos de música e dança. Voltando à Calle Larga e caminhando em direção ao campo de Santa Maria Zobenigo, dobre à esquerda e entre no Palazzo Gritti, do século XVI, antiga residência do doge Andrea Gritti (1455- 1538) e hoje um hotel de alto

luxo de nome Hotel Gritti. De seu restaurante, Club del Doge, à beira do Canal Grande, descortina-se uma vista maravilhosa, dominada pela igreja Santa Maria della Salute (Santa Maria da Saúde), do outro lado do canal. Era ali que Woody Allen e Julia Roberts tomavam o café da manhã no filme *Todos dizem eu te amo* (*Everyone says I love you*, 1996).

Continuando a caminhada, atravessa-se o tranquilo Campo di San Maurizio, para, em seguida, chegar ao elegante Campo di Santo Stefano, dominado pela igreja, onde regularmente são apresentados concertos de música clássica. Seu estilo é gótico e, em seu interior, pode-se admirar algumas belas obras de Tintoretto, *L'Ultima Cena* (*A última ceia*) entre elas. Nesse campo, localiza-se o Palazzo Loredam, do século XV, hoje sede do Instituto Veneziano de Ciências, Artes e Letras. Do outro lado, no adjunto Campo Pisani, situa-se um dos maiores palácios privados da cidade, Palazzo Pisani, do século XVII, atualmente um conservatório de música. No final do Campo di Santo Stefano, à direita, a Calle Fruttarol nos leva ao Campo di San Samuele, onde se encontra o Palácio Grassi, até recentemente patrimônio da Fiat, que o vendeu ao milionário francês e grande colecionador de arte moderna François Pinault, proprietário da grife de moda Gucci e da loja de departamento Printemps, entre outras.

Pinault contratou o consagrado arquiteto japonês Tadao Ando para remodelar o palácio, que passou a abrigar uma pequena parte de sua coleção, suficiente para torná-lo um dos mais requisitados museus da Itália. O mesmo Pinault é responsável pela abertura do museu Punta della Dogona, do qual falaremos adiante. Do Campo di San Samuele parte a Calle Malipiero, onde uma placa assinala a casa onde nasceu um dos mais famosos venezianos: Giovanni Giacomo Casanova (1725-1798), aventureiro, conquistador, que escreveu uma autobiografia intitulada *História da minha vida*, livro de grande sucesso na época e que retrata os costumes e o modo de vida da sociedade europeia do século XVIII.

Voltando ao Campo di Santo Stefano e dobrando à direita, encontra-se a Chiesa di San Vital, hoje transformada em local de concertos e exibições e que conserva em seu interior uma bela pintura de Carpaccio, *San Vitale e Altri Santi (São Vidal e outros santos)*. Atravessando o Campo San Vital, chega-se a uma das três pontes, a D'Accademia. Do outro lado, situa-se o *sestiere* Dorsoduro.

Compras

O *sestiere* San Marco é a zona comercial de Veneza. Nas galerias da Piazza San Marco, existem várias lojas (em uma delas, Katharine Hepburn encontra Rossano Brazzi e iniciam a romântica história de *Quando o coração floresce* [*Summertime*, 1955]), das quais grande parte comercializa artigos típicos de Veneza, como rendas, máscaras, peças de vidro. Entre a praça e o Rialto, na zona comercial constituída pela Mercerie, encontra-se de tudo: calçados, roupas, mobiliário, peças de decoração. Uma loja de departamento chamada Coin localiza-se nas proximidades da Ponte di Rialto. O comércio mais sofisticado, como as butiques dos grandes costureiros (Versace, Armani, Prada, Zegna), fica na região situada entre a praça e San Moise. De San Moise até Santo Stefano, há o predomínio de lojas dedicadas à comercialização de gravuras de Veneza e artigos finos de escritório. Entre essas, é tradicional a Piazzesi, situada no Campiello della Feltrine. Outras destacadas áreas comerciais localizam-se nas vizinhanças do Campo di San Salvador e na Calle del Teatro.

Onde comer

O menu dos restaurantes venezianos é dominado por peixes e frutos do mar. São bastante comuns os antepastos de camarão, lula e polvo com azeite e limão, sardinhas marinadas e ostras de Murano. O prato mais popular é o *risotto* à base de peixes ou de alguns vegetais comuns na região, como espinafre, aspargo ou abóbora. A polenta é um prato típico de Veneza, servida principalmente com *fegato alla veneziana* (fígado com cebolas). *Pasticcio de peixe* é um prato de massa com peixe. Como sobremesa, algumas especialidades são o tiramisu e alguns biscoitos como o *bussolai*, feito de canela, ou o *mandolato*, de amêndoas.

Grande parte dos bons restaurantes de Veneza localiza-se no *sestiere* San Marco. O já citado Caffè Quadri possui o seu luxuoso restaurante em salões majestosos e ambientação requintada. Recomenda-se fazer reserva pelo telefone 041 522 2105. Seu vizinho de frente, o Caffè Florian, fundado em 1720 com o sugestivo nome de Alla Venezia Trionfante, possui também seus ricos salões interiores. Uma experiência mágica é um jantar à luz de velas no terraço do também já citado Club del Doge, com a deslumbrante vista do Canal Grande à noite. Reservas pelo telefone 041 794 611. Se seu orçamento não comportar a experiência, opte por um aperitivo no final da tarde. No Campo di Santo Stefano, dê um parada na Paolim, reconhecida como a melhor sorveteria da cidade. Na Calle Cavalli, bem perto do Campo Manim, encontra-se a famosa enoteca Al Volto. A onda dos restaurantes tipo "design" que invadiu Nova York e Londres chegou a Veneza com o Centrale, na Piscina Frezzaria, perto do Teatro La Fenice (telefone 041 296 0664), e com o Sangal, situado no simpático Campo San Gallo (telefone 041 319 2747).

Veja outras opções:

Da Ivo, simpático e acolhedor restaurante no estilo "bistrô chic", na Calle dei Fuseri (telefone 041 528 5004).

Bistrot de Venise, restaurante enoteca, na Calle dei Fabbri (telefone 041 523 6651).

Antico Martini, uma tradição de Veneza desde 1720, luxuoso restaurante com vista para a praça do teatro La Fênice (telefone 041 522 4121).

Ristorante La Caravella, na Calle XXII di Marzo, com seu interior bastante requintado, um pátio externo florido e cozinha de reconhecida qualidade (telefone 041 520 8901).

Trattoria da Arturo, uma opção de carne na cidade, onde há uma predominância de peixes no menu, na Calle dei Assassini, perto da La Fênice (telefone 041 528 6974).

Da Rafaelle, à beira de um canal, de onde se pode admirar o incessante movimento das gôndolas, Fondamenta delle Ostreghe, perto de San Moise (telefone 041 523 2317).

A Beccafico, restaurante e bar de vinho, situado no Campo di Santo Stefano (onde a noite é uma festa) (telefone 041 712 7127).

Il Giglio, perto do Hotel Gritti, com uma simpática varanda dando para o Campo Santa Maria Zobenigo (telefone 041 523 2368).

*A realidade de Veneza ultrapassa a capacidade
imaginativa do sonhador mais fantasioso.*

Charles Dickens

segundo dia
DORSODURO, SAN POLO E SANTA CROCE

2

DORSODURO

Nada melhor para começar o dia do que contemplar uma belíssima vista do Canal Grande do topo da Ponte dell'Accademia. Vindo de San Marco a pé, cruza-se essa construção de madeira e chega-se a Dorsoduro. Por *vaporetto*, a região é servida pelas estações Salute, Accademia e Ca' Rezzonico. É interessante começar a visita pela igreja Santa Maria della Salute, bem em frente à estação do mesmo nome, enorme edifício barroco do século XVII, um dos pontos de referência da arquitetura da cidade. Seu nome, Salute (saúde), se deve à sua origem, pois a igreja foi construída em agradecimento à Virgem por ter atendido às preces dos venezianos e dado um fim à peste que devastava Veneza no ano de 1630. Obra do arquiteto veneziano Baldassare Longhena (1598-1682), o edifício tem em sua frente uma magnífica escadaria e, em seu exterior, sobressai a enorme cúpula central, assentada sobre base octogonal, o que lhe confere oito fachadas. Seu interior é bastante sóbrio, dominado pelo grande altar-mor, rodeado por seis capelas. O grupo de esculturas do altar representa a Virgem e o Menino protegendo Veneza contra a peste. Do lado esquerdo do altar, pode-se admirar *La Discesa di Santo Spirito* (*A descida do Espírito Santo*), de Tiziano. Na sacristia, encontramos uma série de pinturas de artistas venezianos de valor inestimável, como *Le Nozze di*

SEGUNDO DIA

UMA FACHADA EM DORSODURO

Canaan (*As bodas de Canã*), de Tintoretto, e algumas outras pinturas de Tiziano. A igreja pode ser visitada diariamente das 9h às 12h e das 15h às 18h.

Recentemente, ao lado da Salute, o bilionário francês François Pinault inaugurou o museu de arte moderna Punta della Dogana, que ocupa o espaço da velha alfândega de Veneza. Mesmo aqueles que não apreciam a arte moderna devem visitar o museu para admirar o fantástico projeto arquitetônico de Tadao Ando. O local já se transformou num dos grandes endereços da cidade, atraindo uma multidão de visitantes.

Da Salute, pode-se caminhar um pouco até a vizinha Collezione Peggy Guggenheim, no inacabado palácio Venier dei Leoni. Peggy Guggenheim (1898-1979) era uma rica herdeira americana (seu pai foi uma das vítimas do naufrágio do Titanic), colecionadora de obras de arte contemporânea que, após duas tentativas de abrir museus em Londres e Nova York, adquiriu o palácio em 1949 e destinou-o a ser sua residência e abrigo de sua coleção. Ali viveu até sua morte, em 1979, e sua coleção passou a ser administrada pela Fundação Salomon Guggenheim (nome de um tio de Peggy), que também administra os outros museus "Guggenheim" em Nova York, Las Vegas, Berlim e Bilbao. Trata-se de um rico acervo de arte moderna com obras de Picasso, Miró, De Chirico, Dalí,

SEGUNDO DIA

Kandinsky, Chagall e outros. Destaque para a sala dedicada a Jackson Pollock (1912-1956), artista americano descoberto e protegido por Peggy. Nos jardins de frente para o Canal Grande e nos de fundos, que dão para a Calle San Cristoforo, onde é a entrada do museu, estão expostas algumas belas esculturas da coleção. O museu fica aberto de quarta a segunda, das 11h às 18h.

MUSEU PEGGY GUGGENHEIN

Beleza preservada

Saindo do Palazzo Venier dei Leoni e passando pela Calle della Chiesa, Campo San Vito, Piscina Fornier e Calle Nuova, chega-se à Accademia, a maior pinacoteca de Veneza, com pinturas do século XII ao XVII, abrangendo as escolas bizantina, medieval, renascentista e barroca. Foi Napoleão Bonaparte quem transferiu para esse prédio, onde funcionava uma escola e a igreja Santa Maria della Carità (Santa Maria da Caridade), o acervo da antiga Accademia di Belli Arti (Academia de Belas Artes), enriquecendo-o com obras retiradas de outras igrejas e monastérios. Uma sala da Accademia com representações de Veneza do século XV nos deixa surpresos ao constatar que, em tanto tempo, a cidade pouco mudou. Todos os grandes mestres da Serenissima estão aí expostos: Tiziano, Tintoretto, Veronese, Giorgio Barbarelli, conhecido como Giorgione (1477-1510), Carpaccio, Bellini, Andrea Mantegna (1431-1506), entre outros.

La Festa in Casa di Davi, de Paolo Veronese, vale a visita. Essa monumental pintura, cujo sentido de profundidade é impressionante, ocupa toda a parede de uma das salas do museu. Sobre ela, existe um fato interessante: o nome originalmente dado por Veronese ao quadro tinha sido *L'Ultima Cena* (*A última ceia*). Porém, o rigoroso Tribunal da Inquisição do Santo Ofício, por volta do ano de 1573, julgou uma irreverência a presença de entes como um cachorro, um papagaio e um palhaço no evento e questionou o artista. Veronese, que àquela época já era um pintor famoso e de prestígio, reagiu contra sua liberdade de imaginação. Por fim, chegou-se a um acordo salomônico: a pintura mudou de nome, passando a chamar-se *A festa na casa de Davi*. Fato semelhante ocorreu em Belo Horizonte, na década de 1940: a imagem de um cão em um painel pintado por Portinari na igrejinha da Pampulha causou polêmica com o clero. A Accademia fica aberta de terça a domingo, das 9h às 19h, e segunda, das 9h às 14h.

Aproveitando o silêncio

Da Accademia, é interessante seguir pela Rio Terrà Foscarini até a Fondamenta Zattere ai Gesuati, um largo e extenso calçadão às margens do Canale della Giudecca, por onde passam os numerosos e luxuosos transatlânticos que circulam entre Veneza e as ilhas gregas. Do outro lado do canal, está a ilha da Giudecca, sobre a qual falaremos adiante. À direita, duas igrejas: a Chiesa dei Gesuati, dedicada a Nossa Senhora do Rosário, construída no século XIV e totalmente remodelada no século XVII. Em seu interior, mais uma obra de Tintoretto, *La Crocifissione* (*A crucificação*) e, no teto, três belos afrescos de Tiepolo; e a Chiesa della Visitazione (Igreja da Visitação), do século XV, com belo teto pintado por artistas da Umbria. Seguindo em frente e dobrando à direita, antes de atravessar o Rio di San Trovaso, caminha-se ao lado desse simpático canal, com a nítida sensação de se encontrar em outro lugar, tal o silêncio e a tranquilidade dessa parte da cidade. À esquerda, do outro lado do canal, está a Chiesa di San Trovaso.

Aos apreciadores da pintura renascentista, aconselha-se uma entrada para ver algumas pinturas de Domenico Tintoretto (1560-1635), filho do famoso pintor, que também tem aí expostas duas telas: *L'Ultima Cena* (*A última ceia*) e *Tentazione di Santo Antonio* (*Tentação de Santo Antônio*). Bem perto, encontra-se o Campo San Barnabà, com um originalíssimo mercado flutuante, e o Ca' Rezzonico, uma das maiores expressões do barroco veneziano. Obra de Baldassare Longhena, abriga hoje o Settecento Veneziano (Museu de Veneza do Século XVIII), período onde se sobressai a pintura de Giambattista Tiepolo e seu filho Giandomenico (1727-1804) e a de Canaletto, grandes nomes desse museu. Nesse palácio, viveu o grande poeta inglês da era vitoriana Robert Browning (1812-1889), juntamente com sua esposa, a também poeta Elizabeth Barrett (1806-1861). Do mesmo arquiteto e a dois passos de distância está

CHIESA DI SAN TROVASO - DORSODURO

o também barroco Ca' Foscari, atualmente o principal prédio da Universidade de Veneza.

O vizinho Campo Santa Margherita é o coração do *sestiere*. Na parte da manhã, a movimentação fica por conta de um concorrido mercado; à tarde, turistas, universitários e moradores acorrem aos seus cafés e lojas. Para aqueles que têm ainda tempo e disposição, aconselha-se uma visita a mais três igrejas em Dorsoduro: ao lado do *campo*, a Chiesa Santa Maria dei Carmini (Santa Maria do Carmo), junto à Scuola Grande dei Carmini, com destaque para obras de Tiepolo. Aberta de segunda a sábado, das 8h às 12h e das 15h às 19h, e aos domingos, das 16h30 às 19h. Depois de atravessar o Rio di San Sebastian, pela Calle dell'Avogaria, admire a Chiesa diSan Sebastian (Igreja de São Sebastião), com esplêndido interior, obra de Veronese. O artista trabalhou no local por mais de dez anos com seus filhos e ali está sepultado. Aberta de segunda a sábado, das 10h às 17h, e aos domingos, das 15h às 17h. Um pouco mais adiante, perto do Canale di Fusina, a Chiesa San Nicolò dei Mendicoli (São Nicolau dos Mendigos), uma das mais antigas, datando do século VII e uma das mais belas igrejas de Veneza, com seu interior decorado com magníficas estátuas douradas de madeira. Aberta de segunda a sábado, das 10h às 12h e das 16h às 18h, e aos domingos, das 16h às 18h.

Compras

O *sestiere* Dorsoduro não é uma região comercial, embora exista boa quantidade de lojas de bebidas e comidas do dia a dia, além dos já citados mercados. Entre o Campo S. Barnabà e Santa Margherita, encontra-se uma série de lojas de objetos de madeira trabalhada para decoração e das tradicionais máscaras. Na Fondamenta Venier dei Leoni e na Calle della Chiesa, predomina o comércio de obras de arte com inúmeras galerias.

Onde comer

Por ser uma região de estudantes, Dorsoduro possui uma grande variedade de bares, cafés e restaurantes a preços acessíveis. O **Caffè Blue**, na Calle Lunga San Pantalon, perto da estação San Tomà, da linha 1 do *vaporetto*, oferece uma boa variedade de cervejas e chás com biscoitos finos. O **Bar ai Artisti**, no Campo San Barnabà, estação Ca' Rezzonico, é um característico local veneziano, frequentado por artistas e intelectuais desde o fim do século XIX. O **Ai Pugni** na Fondamenta Gherardini San Barnabà, estação Ca' Rezzonico, serve pizzas e sanduíches num ambiente moderno e jovial. Um famoso sorvete é o do **Nico**, na Fondamenta Zattere ai Gesuati, estação Accademia ou Zattere.

Alguns restaurantes:

Ai Gondolieri, antiga tradição veneziana, à beira do Rio di San Vio, pertinho do Guggenheim (telefone 041 528 6396).

Taverna San Trovaso, simpática e bastante popular *trattoria* na Fondamenta Priuli, à beira do Rio di San Trovaso, estação Accademia (telefone 041 520 3703).

Ristorante San Trovaso, do mesmo proprietário da taverna, aberto mais recentemente, com um agradável pátio interno (telefone 041 523 0835).

La Furatola, antiga e bem reputada *trattoria*, especializada em frutos do mar; fica na Calle Lunga San Barnabà, estação Ca' Rezzonico (telefone 041 520 8594).

Trattoria Dona Onesta, na Calle de la Dona Onesta com Rio de la Frescata, estação Ca' Rezzonico (telefone 041 099 7972).

SAN POLO

O Rio della Frescada separa Dorsoduro de San Polo, *sestiere* servido pelas estações de *vaporetto* San Tomà e San Silvestro. Antiga zona comercial de Veneza, devido à proximidade com a Ponte di Rialto, é uma região bastante visitada pelos turistas: diz-se que ir a Veneza e não atravessar a Ponte di Rialto é como ir a Roma e não ver o Papa. Além disso, em San Polo, vamos encontrar duas das maiores e imperdíveis atrações da cidade: a Scuola Grande di San Rocco e a vizinha Chiesa Santa Maria Gloriosa dei Frari. Vindo de Dorsoduro, à beira do Rio della Frescada, está a Scuola di San Rocco, uma antiga irmandade de caridade construída no século XVI, com doações dos venezianos. Suas paredes e tetos foram decorados por Tintoretto, que, após 23 anos de trabalho, deixou ali um estupendo conjunto de 50 pinturas que retratam o Antigo e Novo Testamento.

O famoso escritor e crítico de arte inglês John Ruskin (1819-1900), autor do livro *Stones of Venice* (*Pedras de Veneza*), colocou San Rocco, por suas pinturas, entre os três edifícios mais importantes da Itália. Os dois outros seriam a Capela Sistina e o Campo Santo, em Pisa, este praticamente destruído durante a Segunda Guerra Mundial. As visitas podem ser feitas diariamente das 9h às 17h30, de abril a outubro;

CANAL DE SAN SALVADOR NO RIALTO

de novembro a março, das 9h às 13h, de segunda
a sábado, e das 10h às 16h, aos domingos e feriados.

La Chiesa dei Frari (Igreja dos Frades), como ela é mais
conhecida, é uma imensa igreja de estilo gótico em forma
de cruz, construída pelos frades franciscanos inicialmente
no século XIII, para depois ser substituída por outra
maior no século XV. Seu campanário, com 83 metros de
altura, é o segundo mais alto de Veneza, altura inferior
somente ao campanário de San Marco. A igreja, que
retrata o espírito franciscano, é austera em seu exterior e
despojada internamente, o que realça sobremaneira as
pinturas que decoram suas paredes. Entre estas a *Assunta*
(*Assunção da Virgem*), de Tiziano, impressiona pelas
cores e luminosidade. Outra pintura do mesmo artista na
igreja é a *Madonna di Ca' Pesaro*. Na sacristia, uma
obra-prima de Bellini, *Madonna e Santi* (*Senhora e santos*).
Belíssimos também são o Coro dos Monges, em madeira
entalhada, e o túmulo do escultor Antonio Canova
(1757- 1822), construído de acordo com projeto de uma
pirâmide de mármore, elaborado pelo mesmo para
ser um monumento a Tiziano. O horário de abertura da
igreja é o mesmo da Scuola di San Rocco. E, para os
amantes do teatro, bem perto, em um palácio gótico,
onde, no século XVIII, viveu Carlo Goldoni,
considerado o fundador da comédia realista italiana,
está o Museo Goldoni.

SESTIERE SAN POLO

A igreja mais antiga

Atravessando o Rio dei Frari, vamos pegar a Rio Terá Amalteo e dobrar à direita na Calle Saoniere para chegar ao maior *campo* de Veneza: Campo San Polo. Alguns palácios circundam o *campo*, como o Soranzo, do século XV, e o Corner Mocenigo, do século XVI. A igreja gótica San Polo, do século IX, reformada no século XIX, tem em seu interior um conjunto de 14 quadros conhecidos como a "Via Crucis del Tiepolo", o filho, que incluem ainda cenas da vida em Veneza. Pode ainda ser vista outra bela *L'Ultima Cena*, de Tintoretto, além de algumas pinturas de Tiepolo, o pai, e Veronese. A igreja pode ser visitada de segunda a sábado, das 10h às 17h, e aos domingos e feriados, das 13h às 17h. Do Campo San Polo, caminhando pela

Calle Madoneta, Campo Meloni, Calle di Mezzo e, à direita, pela Calle Lugane até o Campo San Silvestro, atravessando-o, chega-se à beira do Canal Grande, já perto do Rialto. Em frente à ponte, está a mais antiga igreja de Veneza, San Giacomo di Rialto, construída no século V, em forma de cruz grega, para celebrar o nascimento da cidade, e reconstruída no século XI no estilo bizantino. Adiante, o Campo della Pescaria, com o tradicional mercado de peixes. Para completar o passeio por San Polo, é interessante uma passagem no Campo delle Beccarie, onde se encontra O Vina da Pinto, um dos mais tradicionais *bacari* (bares de vinho) de Veneza; à direita, a igreja de San Cassiano, do século IX, com três obras de Tintoretto em seu interior. Do outro lado do canal Rio di San Cassiano, começa o *sestiere* Santa Croce.

Compras

Como Dorsoduro, San Polo hoje já não é uma zona comercial, limitando seu comércio a mercados e lojas de alimentação. Contudo, no Campo San Cassiano, encontra-se uma tradicional loja de Veneza chamada Luna, que vende artigos diversos a *buon mercato* (bom preço). E algum comércio pode ser encontrado na Calle Madoneta, nas proximidades do Campo di San Polo.

Onde comer

San Polo é tida como uma região de bons e tradicionais restaurantes. Superconhecida é a **Cantina do Mori**, na homônima *calle*, despojada de todo conforto, pois não oferece assentos, servindo em um balcão aonde acorrem pessoas de todas as classes sociais para degustar uma taça de vinho acompanhada dos seus famosos petiscos. A **Osteria da Fiore**, requintada e reconhecida por muitos como a melhor casa de peixes de Veneza, fica na Calle del Scaleter, perto do Campo San Polo, Estação San Silvestro (telefone 041 721 308). A **Trattoria alla Madonna**, na Calle della Madonna, bem perto do Canal Grande, é outro endereço prestigiado de Veneza, de ambiente simples e preços bastante razoáveis, na Estação Rialto (telefone 041 522 3824). Outra boa opção é o **Antico Dolo**, uma popular *hosteria* com poucas mesas, situada na Ruga Rialto (telefone 041 522 6546).

SANTA CROCE

Atravessando o Rio di San Cassiano, passa-se do *sestiere* San Polo para o *sestiere* Santa Croce, que também pode ser alcançado pelo *vaporetto* através das estações San Stae, Riva di Biasio e Piazzale Roma. É uma região tipicamente residencial, mas que também possui suas igrejas, palácios e museus. Logo na entrada do *sestiere*, junto ao Canal Grande, está o palácio Ca' Pesaro, outra grande obra barroca do século XVI, do já citado Baldassare Longhena, que abriga atualmente o Museo d'Arte Oriental e a Galleria Internazionale d'Arte Moderna, com obras de Chagall, Morandi, De Chirico, Kandinski e outros. Aberto de terça a domingo, das 10h às 18h, de abril a outubro, e das 10h às 17h, de novembro a março. Bem perto, no Campo San Stae, a igreja barroca San Stae (versão veneziana de Santo Eustáquio), do século XVII, hoje palco de concertos de música clássica. No interior, sobressai-se um trabalho de Giambattista Tiepolo, *Il Martírio di San Bartolomeo*. Atrás de San Stae, o Palazzo Mocenigo, do século XVII, com um dos interiores mais bem conservados de Veneza e, atualmente, o Centro di Studi e di Storia del Tessuto e del Costume. Seguindo a Calle Tentor e virando à direita na Fondamenta del Megio, encontra-se o Fondaco dei Turchi, uma bela construção com influência bizantina e islâmica, antigo armazém dos mercadores turcos que, hoje, abriga o Museo di Storia Naturale – aberto de terça a sexta, das 9h às 13h, e aos sábados e domingos, das 10h às 16h. Ao lado, a igreja de San Zan Degolà, do século XI, dedicada a São João Batista, com uma interessante fachada em terracota. Voltando à Fondamenta del Megio e seguindo a Calle Larga, vamos chegar ao centro desse simpático e tranquilo bairro, o Campo San Giacomo dell'Orio, com a homônima igreja do século IX, com obras de Veronese na nova sacristia e belos trabalhos de outros artistas não tão famosos no interior da igreja, como Palma Giovane (1548-1628), Paolo Veneziano (1290-1362), Lorenzo Lotto (1480-1557) e outros – aberta de segunda a sábado, das 10h às 17h, e aos domingos e feriados, das 13h às 17h. Pela Ruga Bella, Campo dei Tedeschi, Calle Gradisca e Calle Larga Bari, chegamos à igreja de San Simeone Grande, que exibe mais uma *L'Ultima Cena* de Tintoretto e uma impressionante e enorme efígie reclinada de San Simeone com a boca semiaberta e impressão de sofrimento, retratando o momento da morte. Fica aberta de segunda a sábado, das 9h às 12h e das 5h às 6h30. Retornamos, assim, à beira do Canal Grande; um pouco à esquerda, está a Ponte degli Scalzi e, do outro lado do canal, a estação férrea. Do mesmo lado da igreja, um pouco à frente, a Piazzale Roma, importante estação de ônibus, que liga Veneza ao aeroporto e a outras cidades da região. (1480-1557), que funciona de segunda a sábado das 10h às 17h e aos domingos e feriados das 13h às 17h.

Onde comer

Capitan Uncino, situado no Campo Santa Maria dell'Orio, um lugar tranquilo e fora da rota turística, especializado em frutos do mar e massas a preços razoáveis, na Estação Riva di Biasio (telefone 041 721 901). Na saída desse *campo*, na Calle del Tintor, uma típica *pizzeria* local, a **Ae Oche**, na Estação Riva di Biasio (telefone 041 524 1161). Em frente à Stazione Ferrovie Santa Lucia, atravessando a Ponte degli Scalzi, o **Pizzeria Vittoria** oferece ambiente agradável e familiar com um terraço à beira do Canal Grande, servindo, além de pizzas, massas e peixes. Estação Ferrovia (telefone 041 718 500).

Enquanto o mundo continua como é,
esta cidade é o ser amado do olho.
Depois dela, tudo é desapontamento.

Joseph Brodsky

terceiro dia
CASTELLO E CANNAREGIO

3

CASTELLO

A visita a Castello é um encontro com a tradição musical de Veneza, que tem sua expressão máxima em Vivaldi, filho da terra. A região pode ser alcançada a partir da Piazza di San Marco, contornando o Palazzo Ducale e seguindo, à esquerda, pela Riva degli Schiavoni, a larga e bela avenida que margeia a laguna. Logo se avista o Hotel Danieli, um dos mais tradicionais e luxuosos de Veneza, que ocupa um magnífico palácio gótico do século XIV, antiga residência da família Dandolo, à qual pertenciam alguns dos doges venezianos.

Logo adiante, à esquerda, em um elegante *campo*, a igreja de San Zaccaria, originária do século IX e reconstruída na forma atual no século XV, com esplêndida fachada gótica, toda branca, com um triplo coroamento curvilíneo, obra de Mauro Codussi (1440-1504). Seu interior tem as paredes cobertas de pinturas, das quais a mais importante é a *Sacra Conversazione* (*Sagrada conversa*), de Giovanni Bellini. Aberta de segunda a sábado, das 10h às 12h e das 16h às 18h, e aos domingos, das 11h às 12h.

Um pouco à frente, a igreja Santa Maria della Visitazione, conhecida como La Pietà, hoje dedicada tanto ao culto como aos concertos musicais. É conhecida como a igreja de Vivaldi, que trabalhava no *ospedale* anexo como

professor de violino e regente de coro, onde compôs grande parte de sua obra. Hoje, *ospedale* significa hospital, mas à época era um orfanato que recebia crianças abandonadas. A música é o tema dos afrescos do teto, obra de Tiepolo. Em um pequeno museu chamado Antonio Vivaldi, pode-se ver uma boa amostra de instrumentos musicais barrocos.

Atrás da igreja, subindo pela Calle Bosello, às margens do Rio di San Antonin, a Scuola di San Giorgio degli Schiavoni que, a exemplo das outras *scuole*, era instituição de caridade. Esta foi doada à cidade pelos Schiavoni, como era conhecida a rica colônia eslavo-dalmatence de Veneza. Em seu interior, pode-se admirar uma rica coleção de pinturas de Vittore Carpaccio. Horário de abertura: de abril a setembro, das 9h30 às 12h30 e das 15h30 às 18h30, de terça a sábado; aos domingos, das 9h30 às 12h30; de outubro a maio, das 10h30 às 12h30 e das 15h às 18h, de terça a sábado, e aos domingos, das 10h30 às 12h30.

Seguindo pela Salizzada Francesco e atravessando o canal, encontramos a igreja de San Francesco della Vigna, do século XVI, projeto de Sansovino, com a fachada branca característica de Andrea Palladio (1508- 1580). No interior, uma magnífica *Sacra Conversazione*, de Veronese, e alguns afrescos de Tiepolo, além de túmulos de nobres venezianos, entre eles o do famoso doge Andrea Gritti.

SAN ZACCARIA E SEU CAMPANÁRIO

A antiga potência marítma

Voltando às margens da laguna, na Riva San Biagio, continuação da Riva degli Schiavoni, encontra-se o Museo Storico Navale, que conta a história naval da cidade, com interessante exposição de modelos variados de barcos, desde os mais simples até os sofisticados usados pelos doges. Roma Tearne, conhecida artista e escritora, natural de Sri Lanka e radicada em Londres, amante e assídua frequentadora de Veneza, diz que aceita passar alguns dias na cidade sem admirar um Tintoretto ou atravessar a Ponte di Rialto, mas nunca deixa de visitar o Museo Storico Navale, que, segundo ela, representa o espírito da cidade, voltada para o mar e a navegação. O local funciona de segunda a sábado das 9h às 13h.

Margeando o Rio dell'Arsenale chega-se ao Campo dell'Arsenale, onde está o grande estaleiro do século XII, época na qual a Sereníssima tinha necessidade de uma possante frota marítma para a guerra das Cruzadas. Todo cercado por muralhas, o Arsenale é uma cidade dentro da outra e era o maior estaleiro do mundo, com uma sofisticada linha de produção, que chegou a construir um navio por dia no auge da guerra contra os turcos e a empregar 16 mil pessoas. Suas entradas são monumentais: por terra, um portão renascentista em forma de arco, protegido por quatro leões de pedra

MUSEO STORICO NAVALE

trazidos da Grécia como butim de guerra; pela água, a
entrada é protegida por duas monumentais torres do
século XVII. Daí vem o vocábulo "arsenal", que passou a
ser usado em todo o mundo para designar tanto um
estaleiro como um local destinado à estocagem de armas.

A Veneza moderna

Voltando ao Canal e virando à esquerda na Via
Garibaldi, que continua na Fondamenta S. Anna,
chega-se à Isola di San Pietro (Ilha de São Pedro),
uma calma região residencial, habitada mesmo antes
da fundação de Veneza. Nessa ilha, encontra-se a
Chiesa San Pietro di Castello, do século VIII, antiga
catedral de Veneza até o ano de 1807, quando San
Marco deixou de ser somente a capela dos doges para
assumir a condição de catedral da cidade. Seu interior,
completado no século XVII, sofreu grande influência de
Andrea Palladio, também autor da remodelação da
fachada. Apesar das várias intervenções realizadas no
correr do tempo, permanece uma obra de notável
coerência e estilo.

Ao lado da Isola di San Pietro, outra ilha residencial, a
Isola di Sant'Elena, local bastante arborizado
e agradável para um descanso ou uma caminhada.

TERCEIRO DIA

Do outro lado do Rio dei Giardini, encontram-se os Giardini Pubblici (Jardins Públicos), onde estão os pavilhões da Bienal, tradicional evento cultural de Veneza, considerado a mais charmosa mostra de arte contemporânea do mundo, realizado desde 1895, a cada dois anos, nos meses de junho a setembro. São vários pavilhões de diferentes países, alguns de grande valor artístico e projetados por arquitetos contemporâneos de indiscutível talento, como Carlo Scarpa (Pavilhão da Venezuela), Josef Hoffmann (Pavilhão da Áustria), Takamasa Yoshizaka (Pavilhão do Japão), James Stirling (Pavilhão do Livro), entre outros. São construções em estilo moderno, mas sem qualquer interferência na arquitetura tradicional de Veneza, por constituírem um complexo completamente isolado em um grande parque. Continuando o passeio pelo *sestiere* Castello, aconselhamos o visitante a descansar um pouco as pernas tomando o *vaporetto* 41 ou 42, na estação Giardini-Biennale, para chegar ao Canale delle Fondamente Nuove e descer na estação Ospedale Civile.

Caminhando um pouco pela Fondamente Nuove e virando à esquerda na Calle Torelli, chega-se à monumental Basilica dei Santi Giovanni e Paolo, conhecida pelos venezianos como San Zanipolo. Construída pelos dominicanos no século XIV, disputa com a Chiesa dei Frari a condição de maior igreja gótica de Veneza. É considerada o panteão da cidade, pois ali estão sepultados 25 dos doges venezianos, alguns em monumentos que são verdadeiras obras de arte, boa parte delas, trabalho do escultor Pietro Lombardo (1435-1515). A basílica fica aberta de segunda a sexta, das 8h às 12h30 e das 15h às 18h30, e aos domingos, das 15h às 18h. Na mesma praça, a ricamente decorada fachada renascentista da Scuola Grande di San Marco contrasta com a sobriedade da fachada da basílica.

A praça ainda abriga a estátua equestre do *condottiere* (assim chamado o chefe dos mercenários contratados para guerrear pela cidade) Bartolomeo Colleoni (1400-1476), considerado um patrono das artes. O monumento de bronze foi concebido por Andrea del Verrochio (1435-1488) e, em razão de sua morte, concluído por Alessandro Leopardi (1465-1523). Tal monumento está entre as três mais importantes expressões do gênero no mundo, juntamente com a escultura *Gattamelata*, de Donatello (1386-1466), em Pádua, e a antiga estátua equestre do imperador Marco Aurélio, na Praça do Capitólio, em Roma.

Prosseguindo pela Calle Bressana e atravessando o Rio di San Marina, chega-se à Calle Lunga di Santa Maria Formosa. Virando à direita, encontra-se o campo e a igreja com esse mesmo nome, obra de Mauro

TERCEIRO DIA

Coducci, uma joia renascentista com duas fachadas principais, uma dando para o campo e outra para o canal. Aberta de segunda a sábado das 10h às 17h30; e das 15h às 17h30 aos domingos e feriados.

O *sestiere* Castello é servido pelas seguintes estações do *vaporetto*: San Zaccaria, Arsenale, Giardini-Biennale e Sant'Elena no Canale di San Marco; San Francisco della Vigna, Celestia e Ospedale Civile no Canale delle Fondamente Nuove; Tana no Rio dell'Arsenale.

VIA GARIBALDI - CASTELLO

Compras

A Via Garibaldi é a rua comercial do bairro. Um comércio ativo se encontra também nas proximidades do Campo Santi Giovanni e Paolo e do Campo Santa Maria Formosa.

Onde comer

Luxuoso e caro, com uma esplêndida vista para a laguna, no último andar do Hotel Danieli, o **Terrazza Danieli** é outra experiência mágica de Veneza. Se o jantar estiver acima do orçamento, experimente ao menos uma taça de *prosecco* no fim da tarde (telefone 041 392 665).

Alle Testiere, na Calle del Mondo Novo, perto do Campo Santa Maria Formosa, é tido como uma das melhores opções custo-benefício de Veneza (telefone 041 522 7220).

Al Covo, Campiello della Pescaria, é uma boa escolha para os domingos, quando boa parte dos restaurantes de Veneza está fechada (telefone 041 522 3812).

Corte Sconta, Calle del Pestrin, pertinho do Arsenale, uma elegante tradição veneziana (telefone 041 522 7024).

Trattoria da Remigio, na Calle Bosello, perto da Scuola San Giorgio dei Greci, ótimo serviço e preços razoáveis (telefone 041 523 0089).

CANNAREGIO

No limite entre os *sestieri* Castello e Cannaregio, encontramos outra verdadeira joia renascentista, a Chiesa Santa Maria dei Miracoli (Igreja Santa Maria dos Milagres), obra de Pietro Lombardo, construída no fim do século XV, para abrigar *La Vergine e il Bambino* (*A virgem e o menino*), de autoria de Nicolò di Pietro, pintura considerada milagrosa, que pode ainda ser vista acima do altar. Essa pequena igreja, de uma só nave, é ricamente decorada, tanto externa quanto internamente, com mármores de diversas cores. John Ruskin considerava a Miracoli e a Scuola di San Marco os dois mais refinados edifícios de Veneza. É uma das mais queridas dos venezianos, que a elegeram como a preferida para a realização de matrimônios. Funciona das 10h às 17h30, de segunda a sábado, e das 15h às 17h, aos domingos e feriados.

Esplendor em ouro

Seguindo pela Calle dei Miracoli, virando à esquerda na Salizzada San Canziano e atravessando o canal, chega-se ao Campo di Santi Apostoli, com a homônima igreja do século XI, que abriga, em seu interior, duas pinturas de alto valor artístico: *La Comunione di Santa Lucia* (*A comunhão de Santa Lúcia*), de Giambattista Tiepolo, e *La Caduta della Manna* (*A queda do Maná*), de Veronese. Aí tem início a Strada Nuova, uma ampla rua para os padrões venezianos, que, paralela ao Canal Grande, corta quase todo o *sestiere* no sentido longitudinal. Um pouco à frente, à esquerda, os fundos do monumental Ca' d'Oro (Palácio de Ouro), uma das marcantes referências da arquitetura veneziana. Sua construção, em um refinado estilo que vai do veneto-bizantino ao gótico-florido, é da primeira metade do século XV. A fachada, de frente para o Canal Grande, é esplendorosa e foi adornada com os mais nobres revestimentos da época, inclusive filetes de ouro, que dão origem ao seu nome.

Ao longo do tempo, o palácio pertenceu a diversas famílias e sofreu várias reformas até que, em fins do século XIX, foi adquirido pelo barão Giorgio Franchetti, rico colecionador de arte que o doou ao governo italiano juntamente com o seu acervo.

CA' D'ORO - CANNAREGIO

E assim nasceu a atual Galeria Franchetti, com a formidável coleção de pinturas, esculturas, mobiliário, artefatos e medalhas do período compreendido entre os séculos XI e XVIII. Entre as pinturas, obras de todos os grandes venezianos (Bellini, Carpaccio, Tintoretto, Tiziano, Mantegna, Giorgione), com destaque para a *Vênus*, de Tiziano, e *San Sebastiano*, de Andrea Mantegna, além de trabalhos de Antônio van Dyck (1599-1641) e outros artistas flamengos e alemães. Está aberta diariamente, das 9h às 13h30.

Retornando à Strada Nuova e seguindo em frente pela Salizzada Santa Fosca e Terà della Maddalena, dobremos à esquerda, na Calle Larga Vendramini, para chegar ao Ca' Vendramin Calergi, obra de Mauro Codussi do início do século XVI, em estilo renascentista, com nuances bizantinas, uma das mais elegantes e suntuosas residências da nobreza veneziana. Nesse palácio viveu, trabalhou e morreu o compositor tedesco Richard Wagner. Hoje o palácio é usado para exposições e abriga o Cassino Municipal de Veneza.

Do outro lado do Rio di San Marcuola, está a igreja do mesmo nome. Erguida no século X, foi totalmente remodelada no século XVIII, embora a fachada – que dá para o Campo di San Marcuola – permaneça inacabada. Em seu interior, destaca-se uma das mais famosas pinturas de Tintoretto: *L'Ultima Cena* (*A última ceia*).

Ao lado da igreja, passa a Calle del Cristo. Seguindo por ela e virando à direita, na Calle Colonna, e à esquerda, no Rio Terà San Leonardo, atravessa-se o Canale di Cannaregio para chegar ao Campo San Geremia, com sua igreja e o Palazzo Labia, um dos mais imponentes edifícios de Veneza. Em estilo barroco, foi construído por encomenda da rica família Labia, em fins do século XVII e início do século XVIII. O ponto alto é o fantástico grande salão, decorado por Tiepolo, com afrescos sobre a vida de Cleópatra. Abriga hoje a sede da Rádio Televisão Italiana (RAI). Para visitá-lo, é preciso reservar com antecedência.

Origem dos guetos

Voltando e atravessando novamente o Canale di Cannaregio, pela Ponte delle Guglie, dobrando à esquerda, na Fondamenta di Cannaregio, e à direita, na Calle del Ghetto, penetramos nesse pequeno espaço, onde, no início do século XVI, os judeus foram confinados pelo governo da Repubblica Serenissima. Obrigados a morar ali, não podiam sair entre o pôr do sol e o amanhecer. Esse fato inédito na história deu origem à palavra "*ghetto*", que passou a ser universalmente usada para designar tal tipo de discriminação. No *ghetto*, encontram-se cinco sinagogas; no Campo Ghetto Nuovo, está o Museo Ebraico, uma exposição de materiais, objetos de prata e artigos diversos usados nas orações e na decoração das sinagogas. Aberto de outubro a maio, das 10h às 16h30; de junho a setembro, das 10h às 19h; fechado aos sábados e nos feriados judaicos.

Retornando à Ponte delle Guglie, as linhas 42 ou 52 do *vaporetto* levam à estação Madonna dell'Orto; bem perto está a igreja, do século XIV, com sua rica fachada, uma das mais bem conservadas do gótico veneziano. Seu interior, revestido de tijolos, é bem simples, destacando-se as obras de Tintoretto, paroquiano e vizinho da igreja, onde está sepultado. Fica aberta de segunda a sábado, das 10h às 17h, e aos domingos, das 13h às 17h.

Cannaregio é servido palas seguintes estações do *vaporetto*: Ca' d'Oro, San Marcuola e Ferrovia no Canal Grande; Ponte delle Guglie e Ponte dei Tre Archi no Canale di Cannaregio; e Sant'Alvise, Madonna dell'Orto e Fondamente Nuove no Canale delle Fondamenta Nuove.

II PARADISO PERDUTO · CANNAREGIO

Compras

O comércio da região concentra-se na Strada Nuova. No Ghetto, encontram-se butiques com artigos típicos hebraicos. A Stazione Ferroviaria Santa Lucia abriga um centro comercial de artigos variados.

Onde comer

Cannaregio é a região boêmia de Veneza, onde se localizam as casas noturnas mais populares, o cassino, os restaurantes que ficam abertos até mais tarde, os famosos *bacari* (bares venezianos). Entre esses, o **I Promessi Sposi** e o **Bomba**, na Calle dell'Oca, junto ao Campo dei Santi Apostoli, estação Ca' d'Oro.

Outros restaurantes:

Il Paradiso Perduto, na Fondamenta della Misericordia, bastante informal e popular, sobretudo entre os jovens (telefone 041 720 581, *vaporetto* – estação San Marcuola).

Vini da Gigio, na Fondamenta della Chiesa, perto do Campo San Felice, uma das osterias preferidas dos venezianos, (telefone 041 528 5140, *vaporetto* – estação Ca' d'Oro)

*Isso faz com que a aventura do homem no
planeta surja belissimamente visível
nessa cidade espetacular, cidade monumental.*

Paulo Mendes da Rocha

quarto dia
ILHAS DE SAN GIORGIO MAGGIORE, GIUDECCA E LIDO

4

SAN GIORGIO MAGGIORE

A ilha de San Giorgio Maggiore é outro oásis de tranquilidade em Veneza. Sem moradores, sem bares, restaurantes ou lojas, abriga a basílica e o monastério homônimos. A basílica é uma das maiores igrejas de Veneza, obra daquele que é a maior figura da arquitetura veneziana do chamado tardo-renascimento do século XVI: Andrea Palladio. Seu interior é amplo e simples, destacando-se nas paredes três obras tardias de Tintoretto (sempre ele): *L'Ultima Cena*, *La Caduta della Manna (A queda do Maná)* e *La Discesa della Croce (A descida da cruz)*, esta última, sua derradeira pintura que foi, inclusive, terminada por seu filho Domenico. Uma outra importante pintura da basílica é *Adorazione dei Pastori (Adoração dos pastores)*, de Jacopo Bassano (1517-1592). Um elevador leva ao alto do campanário, de onde se desfruta de fantástico panorama de Veneza. No monastério, funciona hoje a Fondazione Cini, uma fundação cultural, responsável pelo programa de restauração de vários monumentos da cidade. Digna de destaque é a biblioteca do monastério, obra barroca de Longhena. A basílica fica aberta diariamente, das 9h às 12h30 e das 14h30 às 17h30, e o monastério, de segunda a sexta, com hora marcada. A ilha é servida pelas linhas 82 e N do *vaporetto*.

GIUDECCA

GIUDECCA

Hoje em dia, a ilha La Giudecca vem se tornando um lugar da moda, com suas antigas fábricas e galpões se transformando em hotéis, flats, apartamentos. É muito procurada por jovens casais de artistas e turistas mais excêntricos. Durante o longo período de decadência da Repubblica Serenissima, era o refúgio de lazer dos venezianos ricos. Ainda hoje continua a ser uma província dos abonados, abrigando o mais luxuoso hotel de Veneza e um dos mais renomados do mundo: o Cipriani. Localizado em um dos extremos da ilha, perto da estação Zitelle, o Cipriani ostenta fabulosos jardins e uma piscina olímpica, itens raros em Veneza, onde o espaço é restrito. Vale a pena entrar para admirar a elegância refinada e discreta de seu hall e degustar um Bellini à beira da piscina.

Outra grande atração da ilha é a Chiesa del Redentore (Igreja do Redentor), considerada a obra-prima da arquitetura religiosa de Andrea Palladio. A fachada monumental, precedida de ampla escadaria, é coroada por uma grande cúpula e dois delicados campanários semelhantes a dois minaretes. O interior, com uma única nave, o presbitério e o coro em níveis diferentes, é harmonioso e claro. Destaque para a pintura *Battesimo di Cristo* (*Batismo de Cristo*), de Veronese. A igreja encontra-se perto da estação Redentore e fica aberta de segunda a sábado, das 10h às 17h. Aos domingos, o altar fica fechado. Chega-se à ilha, que se separa de San Giorgio pelo Canale della Grazia, pelas linhas 41, 42, 82 e N do *vaporetto*.

CHIESA DEL REDENTORE - GIUDECA

Onde comer

Para muitos, o melhor restaurante de Veneza é o **Fortuny** no Hotel Cipriani, bastante requintado e naturalmente caro (telefone 041 520 7744). No mesmo hotel, outra opção mais em conta em um ambiente mais informal: **Cip's Club**. Na Fondamenta San Biagio, perto da estação Sant'Eufemia, está o café, bar e também restaurante **Harry's Dolci**, da mesma cadeia do Harry's Bar, com belíssima vista da Piazza San Marco, onde se pode jantar ou simplesmente tomar um expresso, degustando uma de suas variadas *pasticcerie* (pratos sortidos de doces) (telefone 041 522 4448). Na Fondamenta Sant'Eufemia, fica a **Osteria Ae Botti**, com seu terraço debruçado sobre o Canale della Giudecca (telefone 041 724 1086).

LIDO

O Lido é uma ilha com uma longa faixa de terra, situada entre o mar e a laguna de Veneza. Com seus 12 quilômetros de praia e exuberante vegetação, é o resort de Veneza à beira-mar. Sofisticado, embora um pouco decadente em nossos dias, é, desde 1932, a sede do Festival Internacional de Cinema de Veneza, o primeiro do gênero no mundo. Durante o evento, a ilha readquire o máximo de sua antiga pujança e movimentação, com a presença de artistas, diretores de cinema, jornalistas e integrantes do *jet-set* internacional. Entre seus numerosos hotéis, destacam-se o Excelsior, construído em fins do século XIX, em estilo mourisco espanhol, e o Hotel des Bains, em estilo Belle-Époque, construído no início do século XX, no centro de um parque. O local serviu de cenário para o filme *Morte em Veneza*, de Luchino Visconti, baseado no livro homônimo de Thomas Mann, escritor que, aliás, viveu parte de sua vida no Lido. Ambos os hotéis estão situados à beira-mar, no Lungomare Marconi, e ficam

abertos somente na alta estação, de abril a outubro. O Lido é servido pelas linhas 1, 2, 20, 51 e 52 do *vaporetto*, em uma viagem de meia hora, partindo da Piazza San Marco. O tráfego de automóveis é permitido no Lido e há um serviço de *ferryboat* entre o terminal rodoviário de Tronchetto e a ilha.

Onde comer

Há bons restaurantes nos hotéis Excelsior e Des Bains. Na Via S. M. Elisabetta, 6, encontra-se o **Isola d'Oro** (telefone 041 526 1800), e, na Via dei Kirchmayr, o **Ai Murazzi** (telefone 041 526 7278).

PRAIA DO LIDO

*Veneza não é somente a cidade da
fantasia e da liberdade. Veneza é também
a cidade da alegria e do prazer.*

Peggy Guggenhein

quinto dia
ILHAS DE MURANO, BURANO E TORCELLO

5

MURANO

A arte de soprar o vidro e fazer surgir belos objetos
de formas sinuosas e cores vibrantes é a principal
atração da ilha de Murano, formada por um conjunto
de ilhotas, separadas umas das outras por canais e pontes.

A técnica artesanal vem sendo passada de geração
a geração por famílias estabelecidas originalmente
em Veneza desde o século X. Por duplo motivo de
segurança, elas se transferiram para Murano no século
XVIII: o risco de incêndio, uma vez que, à época,
em Veneza, predominavam as construções de madeira,
e a necessidade de manter a exclusividade do segredo
da fabricação com o isolamento dos artesãos dedicados
ao ofício. No século XV, tal monopólio foi quebrado
com o surgimento dos cristais da Boêmia, o que
provocou uma guerra comercial entre os dois Estados.
Coloridas e simples, são dessa época a maioria das casas
da ilha, que hoje abriga cerca de seis mil habitantes.
Chega-se a Murano pelas linhas de *vaporetto* 41 e 42,
partindo da estação Fondamente Nuove.

É aconselhável uma parada na Isola di San Michele (Ilha
de São Miguel), distante cinco minutos de Veneza, onde
está o cemitério da cidade e podem ser vistos os
túmulos de venezianos ilustres e forasteiros que a

adotaram, como o poeta americano Ezra Pound (1885-1972) e o compositor russo Igor Stravinsky. Uma joia da arquitetura e primeiro edifício religioso em estilo renascentista de Veneza, obra de Mauro Codussi, é a Chiesa di San Michele in Isola (Igreja de São Miguel na ilha). Sua fachada, simples e harmoniosa, apresenta, pela primeira vez, o tríplice coroamento curvilíneo, detalhe arquitetônico que vai adquirir dimensões monumentais na Chiesa di San Zaccaria, no *sestiere* Castello.

MURANO

Outros cinco minutos de *vaporetto* e chega-se a Murano, cuja principal via é a Fondamenta dei Vetrai, onde se localiza a maioria das fábricas de vidro. Ela se situa à beira de um canal que começa em frente à estação do *vaporetto* Colonna. Na junção desse canal com o Canal Grande de Murano, está a Chiesa di San Pietro Martire (Igreja de São Pedro Mártir), em estilo renascentista do século XVI, com destacadas pinturas de Veronese e Bellini em seu interior. Do outro lado do Canal Grande, à direita, está o Museo Vetrario, com uma rica coleção de vidros artísticos antigos, que fica aberto de outubro a março, das 10h às 17h. A Chiesa dei Santi Maria e Donato, do século VII, em estilo veneto-bizantino, situada na Fondamenta Giustinian, é o maior destaque da ilha. Possui formato hexagonal e piso em mosaico semelhante ao da Basilica di San Marco. Aberta de segunda a sábado, das 9h às 12h e das 15h30 às 19h, e aos domingos, das 15h30 às 19h.

Onde comer

Alla Vecchia Fornace, Fondamenta dei Vetrai, 35 (telefone 041 527 4244).

Ai Frati, Fondamenta Sebastiano Venier, 4 (telefone 041 736 694).

Serenella, Fondamenta Serenella (telefone 041 739 560).

BURANO

Trinta minutos de *vaporetto* (linha LN) separam Murano de Burano, considerada a mais colorida das ilhas, por causa dos finos trabalhos de renda. É também um reduto de pescadores, geralmente casados com as habilidosas rendeiras. A Via Galuppi, assim chamada em homenagem a Baldossare Galuppi (1706-1785), compositor famoso e ilustre filho da ilha, considerado o pai da ópera bufa, é a principal rua, cheia de barracas que vendem rendas e tecidos. Na Piazza Galuppi está a

BURANO

Chiesa di San Martino Vescovo (São Martinho Bispo), do século XIV, com interior barroco, onde se destaca uma pintura de Tiepolo. O campanário, conhecido como Il Campanile Storto (O Campanário Torto), em virtude de uma inclinação de 1,83 metro, provocada por um recalque no terreno, é do século XVII e é o grande marco da ilha. Na mesma praça, encontram-se o Museo del Merletto (Museu da Renda), que exibe belas peças de renda antiga, e a Scuola dei Merletti (Escola das Rendas), onde se pode ver como é feito o trabalho e conhecer as habilidades exigidas no ofício.

LOJA DE RENDAS EM BURANO

Segredos de um viajante - Guia de Veneza

QUINTO DIA

PAISAGEM COLORIDA DE BURANO

Onde comer

Trattoria da Primo e Paolo, Piazza Galuppi, 285
(telefone 041 735 550).

Enoteca Riva Rosa, Via San Mauro, 296
(telefone 041 730 850)

Trattoria da Romano, local histórico, refúgio
de artistas há um século, Via Galuppi
(telefone 041 730 030).

PIAZZA GALUPPI - BURANO

TORCELLO

Esta ilha praticamente deserta e desabitada, envolta em uma atmosfera de abandono e silêncio, tem grande importância histórica e viveu dias de glória. Foi nela que os primeiros vênetos desembarcaram, fugindo das invasões bárbaras no século V. Tornou-se, em pouco tempo, um centro urbano importante com igrejas, monastérios, rica indústria de lã, vida social e artística de alto nível e governo próprio.

Mas a insalubridade da ilha e a crise na indústria da lã no século IX fizeram com que seus habitantes, que chegaram a atingir o número de 20 mil, procurassem um porto mais seguro no Rialto, dando assim início à ocupação de Veneza. E, por séculos, a ilha de Torcello foi abandonada e espoliada de seus mármores e ouros usados nas construções de Veneza.

Uma linha de *vaporetto* liga Burano a Torcello em dez minutos. Torcello conserva a mais antiga construção da laguna, a Cattedrale di Santa Maria Assunta. Em estilo românico do século VII, possui em seu interior estupendos mosaicos bizantinos. A catedral pode ser visitada de março a outubro, diariamente, das 10h30 às 18h, e de novembro a fevereiro, das 10h às 17h.

Ao lado está a Chiesa di Santa Fosca, datada do fim do século XI. Em estilo bizantino, possui a forma de cruz grega, com elegantes arcos rodeando os três lados da fachada. O horário de visitas é o mesmo da catedral. É também parte do conjunto o campanário do século XI, com sua base quadrada e perfil inconfundível na paisagem da ilha.

Merece capítulo especial a Locanda Cipriani, uma hospedaria com apenas seis apartamentos, instalada em um velho casarão da ilha. Fundada em 1935 pelo já citado Giuseppe Cipriani, tornou-se imediatamente um lugar famosíssimo, e desde a inauguração seus salões têm sido frequentados por nobres e celebridades diversas, como artistas, astros do cinema, chefes de estado. Marc Chagall lá se hospedou em 1948, quando venceu a Bienal. Ao voltar em 1960, deixou uma recordação: um desenho feito com batom. Em 1949, foi a vez de Somerset Maugham;

SANTA FOSCA - TORCELLO

em 1951, de Arturo Toscanini; em 1952, de Maria Callas. Em épocas diversas, o local também recebeu outros hóspedes ilustres, como a rainha Elizabeth da Inglaterra, Lady Di, Cole Porter, Bing Crosby, Audrey Hepburn, Charles Chaplin, que também deixou como recordação um desenho do seu Charlot. O célebre compositor e maestro grego Dimitri Mitropoulos definiu a Locanda como "um lugar bendito de paz e meditação", e a artista do cinema americano Bette Davis assim registrou a passagem de Ernest Hemingway pela Locanda: "O senhor Hemingway tinha razão de habitar nesse divino lugar". Ela falava do escritor que acabou por se tornar o hóspede mais famoso da Locanda. Desde a primeira visita, em 1948, quando já era um personagem lendário, foram diversas as vezes que Hemingway retornou ao local, dividindo seu tempo entre a caça aos patos e a busca de inspiração para seus romances.

Onde comer

Mais uma experiência mágica em Veneza: um almoço no simples e elegante restaurante da **Locanda Cipriani**. Dependendo do tempo, pode-se escolher uma mesa em um de seus dois salões, o **Gritti** ou o **Portico**, no terraço externo ou no jardim, entre tulipas, margaridas, dálias e rosas, ou então um simples Bellini no bar. O local não funciona às quartas-feiras (telefone 041 730 150). Outra boa opção em Torcello é o **Al Trono di Attila**, na Via Borgognoni, 7 (telefone 041 730 094).

HISTÓRIA DE VENEZA
Grandes marcos

451
Fundação da cidade.

453
Átila, rei dos hunos, invade a ilha de Torcello.

697
É nomeado o primeiro doge de Veneza, Paoluccio Anafesto.

810
Rivoalto (hoje Rialto) torna-se sede do governo.

1204
Com a ajuda dos cruzados e liderada pelo doge Dandolo, Veneza conquista Constantinopla.

1348
Quase metade dos habitantes de Veneza são mortos pela peste negra.

1488
Nascimento de Tiziano.

1489
A ilha de Chipre passa ao domínio de Veneza. É realizada a primeira regata histórica.

568
Os primeiros lombardos chegam a Veneza.

667
Nova leva de lombardos se estabelece na região.

1000
Veneza, sob a liderança do doge Orseolo II, derrota invasores eslavos e se torna Senhora do Adriático.

1094
A Basilica di San Marco é consagrada.

1414 a 1454
Expansão territorial da República de Veneza, que conquista Padova, Vicenza, Verona, Udine, Brescia, Ravenna, Bergamo.

1453
Os turcos conquistam Constantinopla.

1518
Nascimento de Tintoretto.

1571
Chipre é conquistada pelos turcos.

1591
Inaugurada a Ponte di Rialto.

1792
Inaugurado o Teatro La Fenice.

1805
Veneza retorna ao domínio de Napoleão.

1815
Após a derrota de Napoleão em Waterloo, Veneza retorna ao domínio da Áustria.

1849
Veneza é novamente conquistada pelo Império Austríaco.

1854
Inaugurada a Ponte dell'Accademia.

1895
Realização da primeira Bienal de Veneza.

1932
Realização do primeiro Festival Internacional da Arte Cinematográfica de Veneza.

1967
Lançada pela Unesco uma campanha internacional para salvar a cidade.

2003
Reinaugurado o Teatro La Fenice, após ser totalmente destruído por um incêndio.

1796
É organizado, em Veneza,
o maior carnaval do século.

1797
Veneza é invadida e derrotada
pelas tropas de Napoleão
e cedida à Áustria.

1846
Inaugurada a ponte ferroviária
de acesso a Veneza.

1848
Veneza se insurge contra
o domínio dos austríacos e
proclama uma nova república.

1858
Inaugurada a Ponte degli Scalzi.

1866
Veneza é anexada ao recém-
criado Reino da Itália.

1933
Inaugurada a ponte rodoviária
de acesso a Veneza.

1966
Veneza é posta em risco,
invadida por forte onda
de maré alta.

Ruy Araújo nasceu em São Gotardo, Minas Gerais. Formou-se em Engenharia pela Universidade Federal de Minas Gerais. É casado, pai de duas filhas e mora em Belo Horizonte. Divide seu tempo entre suas empresas nas áreas de construção civil, hotelaria e shopping-center, suas atividades como vice-presidente da Associação Comercial de Minas Gerais e seu hobby preferido: as viagens pelo mundo. Sempre solicitado por seus amigos a fornecer "dicas de viagem", decidiu escrever este guia sobre sua grande paixão: Veneza.

ANOTAÇÕES